Bibliografische Information der Deutschen Nationalbibliothek:

Die Deutsche Bibliothek verzeichnet diese Publikation in der Deutschen National-
bibliografie; detaillierte bibliografische Daten sind im Internet über http://dnb.d-
nb.de/ abrufbar.

Impressum:

Copyright © 2016 GRIN Verlag
Druck und Bindung: Books on Demand GmbH, Norderstedt Germany
ISBN: 9783668771918

Dieses Buch bei GRIN:

https://www.grin.com/document/435377

Dominik Kropp

Aus der Reihe: e-fellows.net stipendiaten-wissen

e-fellows.net (Hrsg.)

Band 2796

Vergleich des UMTS-Standards mit dem GSM-Standard. Am Beispiel der Kommunikation eines Smartphones mit dem Internet

GRIN Verlag

GRIN - Your knowledge has value

Der GRIN Verlag publiziert seit 1998 wissenschaftliche Arbeiten von Studenten, Hochschullehrern und anderen Akademikern als eBook und gedrucktes Buch. Die Verlagswebsite www.grin.com ist die ideale Plattform zur Veröffentlichung von Hausarbeiten, Abschlussarbeiten, wissenschaftlichen Aufsätzen, Dissertationen und Fachbüchern.

Besuchen Sie uns im Internet:

http://www.grin.com/

http://www.facebook.com/grincom

http://www.twitter.com/grin_com

FOM Hochschule für Oekonomie & Management Dortmund

Berufsbegleitender Studiengang
Wirtschaftsinformatik, 4. Semester

Hausarbeit im Fach IT-Infrastruktur

über das Thema

Vergleich des UMTS-Standards mit dem GSM-Standard am Beispiel der Kommunikation eines Smartphones mit dem Internet

Autor: Dominik Kropp

Inhaltsverzeichnis

Abkürzungsverzeichnis

3GPP   3rd Generation Partnership Project

AUC   Authentication Center

BSC   Base Station Controller

BSS   Base Station Subsystem

BTS   Base Transceiver Station

CDR   Call Detail Records

CN   Core Network

DoS   Denial of Service

EIR   Equipment Identity Register

ETSI   European Telecommunications Standards Institute

FDMA   Frequency Division Multiple Access

GGSN   Gateway GPRS Support Node

GMSC   Gateway Mobile Switching Center

GPRS   General Packet Radio Service

GSM   Global System for Mobile Communications

HLR   Home Location Register

IMEI   International Mobile Equipment Identity

IMSI   International Mobile Subscriber Identity

IP   Internet Protocol

ISDN   Integrated Services Digital Network

LA   Location Area

LTE   Long-Term Evolution

MAC   Message Authentication Code

MSC   Mobile Switching Center

NMS   Network Management Subsystem

NSS	Network Subsystem
O&M	Operations and Maintenance
OSI	Open Systems Interconnect
OTA	Over The Air
PIN	Personal Identification Number
PLMN	Public Land Mobile Network
PSTN	Public Switched Telephone Network
PUK	PIN Unlock Key
QoS	Quality of Service
RA	Routing Area
RNC	Radio Network Controller
RNS	Radio Network Subsystem
RRC	Radio Resource Control
SDMA	Space Division Multiple Access
SGSN	Serving GPRS Support Node
SIM	Subscriber Identification Module
SMS	Short Message Service
SRES	Signed Response
SS7	Signalling System No. 7
TDMA	Time Division Multiple Access
TMSI	Temporary Mobile Subscriber Identity
UICC	Universal Integrated Circuit Card
UMTS	Universal Mobile Telecommunications System
USIM	User Services Identity Module
UTRAN	Universal Terrestrial Radio Access Network
VLR	Visitor Location Register
WCDMA	Wideband Code Division Multiple Access

Abbildungsverzeichnis

1 Einleitung

Das Thema dieser Hausarbeit ist der Vergleich von zwei Mobilfunkstandards, Global System for Mobile Communications (GSM) und Universal Mobile Telecommunications System (UMTS). Beide Standards definieren Mobilfunknetzwerke, die mehrere Dienste anbieten. Im Vordergrund stehen zunächst leitungsvermittelte Services wie die Audiotelefonie in Verbindung mit dem Festnetz und textbasierte Nachrichtendienste wie Short Message Service (SMS). Immer wichtiger wird im Zusammenhang mit dem Internet die paketvermittelte Kommunikation, weshalb beide Standards auch die strukturellen Grundlagen für erweiterte multimediale Dienste schaffen.

Chronologisch betrachtet entspricht GSM einem Standard der zweiten Generation von Mobilfunksystemen und UMTS der dritten Generation. Letzteres versucht zum einen die Schwächen von GSM zu kompensieren und zum anderen eine skalierbare Basis für zukünftige Technologien zu schaffen, um die Übertragungsleistung so weit wie möglich zu steigern. Heute dominiert UMTS vor allem dank seiner Hochgeschwindigkeitserweiterungen, wird allerdings nach und nach durch die Mobilfunknetze der vierten Generation abgelöst.

Ziel dieser Arbeit ist der Vergleich der beiden Mobilfunkstandards. Zu diesem Zweck wird zunächst deren Aufbau erläutert und ein kurzer geschichtlicher Überblick gegeben. Anschließend werden die Standards unter vorher definierten einheitlichen Untersuchungskriterien gegenübergestellt, bewertet und abschließend beurteilt. Um einen greifbaren Bezug zum Alltag herzustellen, wird das Beispiel des modernen Smartphones im Zusammenhang mit dem Verbindungsaufbau und der Kommunikation mit dem Internet herangezogen.

Folgende Fragen sollen im Zuge dieser Arbeit beantwortet werden: Inwieweit dienen die beiden Standards einer schnellen und den Maßstäben der Quality of Service entsprechenden Kommunikation? Welche Bandbreiten können erreicht werden? Wie gut wird der Nutzer vor Angreifern geschützt oder weisen die Systeme in dieser Hinsicht Schwachstellen auf?

2 Grundlagen

In diesem Abschnitt wird zunächst ein Überblick über die geschichtliche Entwicklung der mobilen Netze in Deutschland gegeben. Anschließend werden die beiden in dieser Arbeit behandelten Standards erläutert.

2.1 Historisches

Bevor das Internet mithilfe von Smartphones der allgegenwärtige Begleiter und Hauptkommunikationskanal vieler Menschen wurde, bildete die Telefonie den prominentesten Anreiz der mobilen Telekommunikation. Mit der Zeit wuchs allerdings die Nachfrage nach weiterführenden Diensten mit den Möglichkeiten der technologischen Evolution.[1] Neben der reinen Sprachübertragung sollten auch Services wie die Anrufweiterleitung oder die Warteschleife und weitere digitale Dienste verfügbar sein. Die erste Generation der mobilen Netzwerke, kurz 1G, konnte diese Leistungen nicht erbringen, da der Fokus auf der analogen Sprachübermittlung lag. Problematisch waren ebenfalls die intransparenten Spezifikationen der Telekommunikationsindustrie und die Inkompatibilität der national vereinbarten technischen Regelungen mit denen anderer Länder.[2] Die Option einer Mobilstation, nicht nur im Heimnetzwerk, sondern international zu funktionieren, nennt sich *Roaming* und war mit 1G-Netzen nicht gegeben.[3]

Um diesen Problemen entgegenzukommen, wurden die Mobilfunknetze der zweiten Generation in den 1990ern so gestaltet, dass sie sowohl für globalen Einsatz geeignet als auch so skalierbar und erweiterbar wie möglich spezifiziert sind, damit den absehbaren technologischen Entwicklungen in der Zukunft flexibler begegnet werden kann.[4] Ein System der 2G-Netze ist Global System for Mobile Communications (GSM), welches dank der Investitionen von Mobilfunknetzbetreibern in Telekommunikationsinfrastrukturen zum weltweit dominanten Standard wurde. 2005 nutzten über 1,5 Milliarden Nutzer GSM.[5] Die globale Kompatibilität erlaubt es Herstellern, günstiger Hard- und Software herzustellen, da der Absatzmarkt nicht wie bei 1G national, sondern nun annähernd weltweit vorhanden ist. Entwickelt wurde GSM von einer Arbeitsgruppe des European Telecommunications Standards Institute (ETSI).[6]

Die stetig seit der Spezifizierung von GSM gestiegene Rechenleistung und die Weiterentwicklung der Technologien erlaubte es Ende der 1990er, die dritte Generation der

---

[1]Vgl. Mouly et al. (1994), Seite 19.
[2]Vgl. Kaaranen et al. (2005), Seite 1.
[3]Vgl. Narang et al. (2006), Seite 4.
[4]Vgl. Mouly et al. (1994), Seite 14.
[5]Vgl. Sauter (2006), Seite 1.
[6]Vgl. ebd., Seite 3.

mobilen Netzwerke zu entwickeln. Ein Hauptgesichtspunkt dieser Standards war neben der besseren Ausnutzung des Frequenzspektrums die Integrierung von Hochgeschwindigkeitsdatendiensten,[7] um der steigenden Nachfrage nach multimedialen internetbasierten Services zu begegnen.[8] Der wichtigste Standard der dritten Generation, Universal Mobile Telecommunications System (UMTS), wurde von der Arbeitsgruppe 3rd Generation Partnership Project (3GPP) konzipiert und baut zu großen Teilen auf den Normen von GSM auf. Die Spezifizierung von UMTS muss genau wie GSM länderunabhängige Gültigkeit behalten. Eine besondere Anforderung war außerdem die logische Trennung von Hardware und Software; die technische Plattform darf die Dienste nicht einschränken.[9] Damit orientiert sich UMTS an den Abstraktionsstufen des Open Systems Interconnect (OSI)-Referenzmodells.

Die nächste, vierte Generation unterstützt Breitband-Internet mit noch höheren Datenübertragungsraten. Sie wurde speziell auf Internet Protocol (IP)-basierte Netze zugeschnitten, um den Anforderungen der allgegenwärtigen Smartphones entgegenzukommen. In diesem Zusammenhang spielt vor allem der Standard Long-Term Evolution (LTE) eine Rolle, welcher allerdings in dieser Arbeit nicht weiter beleuchtet wird.[10]

2.2 Aufbau der GSM-Netzwerkarchitektur

Ein Mobilfunknetz ist definiert als ein Public Land Mobile Network (PLMN), das zu dem bestimmten Zweck betrieben wird, mobile Telekommunikationsdienste der Öffentlichkeit zur Verfügung zu stellen. Dafür muss es, zumindest was die Telefonie angeht, mit dem Public Switched Telephone Network (PSTN), dem Festnetz, in Verbindung stehen. PLMNs stehen funktional gesehen für sich, können allerdings über das Integrated Services Digital Network (ISDN) oder das PSTN miteinander verbunden werden. Das PLMN wird weiter in Subsysteme unterteilt: Network Subsystem (NSS) und Base Station Subsystem (BSS).[11]

Das NSS wird auch als Kernnetz bezeichnet. Es übernimmt die Vermittlung von Anrufen und Datenströmen. Das Mobile Switching Center (MSC) ist ein zentrales Element im GSM-Netz, da es das BSS mit dem NSS verknüpft. Alle Nutzerverbindungen gehen über das MSC und werden dort verwaltet, selbst wenn alle Kommunikationspartner sich in einer Funkzelle befinden. Nutzer können sich frei im Netz bewegen, auch wenn ein Gespräch aufgebaut ist. Zu diesem Zweck übernimmt das MSC das unterbrechungsfreie

---

[7]Vgl. Sauter (2006), Seite 122.
[8]Vgl. Halonen et al. (2004), Seite XXXV.
[9]Vgl. Kaaranen et al. (2005), Seite 2.
[10]Vgl. Dahlman, Parkvall et al. (2013), Seite 1 bis 9.
[11]Vgl. 3GPP (2016b), Seite 18.

Routing in andere NSS, genannt *Handover*. Die Weiterleitung von Short Message Service (SMS)-Nachrichten ist ebenfalls dessen Aufgabe.[12]

Im NSS befinden sich weitere Netzkomponenten, die alle mit dem MSC in Verbindung stehen: Das Equipment Identity Register (EIR) speichert eine Blacklist, bestehend aus International Mobile Equipment Identity (IMEI)-Seriennummern von Endgeräten, die als gestohlen gemeldet wurden. Die Liste wird beim Einwählen eines Gerätes in das GSM-Netz geprüft.[13] Das Authentication Center (AUC) ist verantwortlich für den Authentifizierungsprozess im System. Es speichert die kryptografischen Schlüssel, die sich ebenfalls auf der Subscriber Identification Module (SIM)-Karte befinden und kann somit die Identität einer Mobilstation kontrollieren, wenn diese eine Verbindung herstellen möchte.[14]

Um zu jeder Zeit den aktuellen Aufenthaltsort einer Mobilstation zwecks Call-Routing bestimmen zu können, wird dieser mit anderen Informationen in einem Home Location Register (HLR) gespeichert. Befindet sich eine Mobilstation nicht im Heimbereich, wird ihr Standort im Visitor Location Register (VLR) des MSC gespeichert, in dessen Bereich sie sich gerade befindet.[15] Zuletzt kommuniziert das MSC mit dem Gateway Mobile Switching Center (GMSC), dem Gateway, das das NSS mit anderen öffentlichen Netzen wie dem PSTN verbindet und daher wesentlich für das Routing ist.[16]

Während das NSS die Nutzermanagement-Funktionen übernimmt, stellt das BSS die Signalschnittstelle zwischen Mobilstation und NSS dar und wird daher auch als Zugangsnetz bezeichnet. Das MSC ist mit seinen Base Station Controllers (BSCs) im BSS zumeist über Lichtwellenleiter verbunden.[17] Der BSC ist für die Kommunikation der Base Transceiver Station (BTS), d. i. der Sendeturm, mit dem MSC verantwortlich. Er speichert ebenfalls Informationen über die Aufenthaltsorte der Nutzer in seinem Einzugsbereich. Die BTS wiederum kommuniziert mit der Mobilstation und dem BSC. Sie besitzt begrenzte Entscheidungsgewalt und so gut wie keine Speicherfunktion.[18] Eine Mobilstation kann jedes mobile auf GSM konfigurierte Gerät sein, das über ein SIM verfügt. Auf dem SIM ist die International Mobile Subscriber Identity (IMSI) hinterlegt, die den Nutzer eindeutig identifiziert.[19]

Die Fläche, die das Signal einer BTS abdeckt, wird im mobilen Netzwerk als Zelle definiert, deren Größe von mehreren hundert Metern bis zu vielen Kilometern variiert. Benachbarte Zellen können sich überschneiden, da sie unterschiedliche Frequenzen verwen-

---

[12]Vgl. Sauter (2006), Seite 9 ff.
[13]Vgl. Swenson et al. (2006), Seite 262.
[14]Vgl. Sauter (2006), Seite 17.
[15]Vgl. 3GPP (2016b), Seite 19.
[16]Vgl. Swenson et al. (2006), Seite 262.
[17]Vgl. Sauter (2006), Seite 11.
[18]Vgl. Swenson et al. (2006), Seite 261.
[19]Vgl. Noldus (2006), Seite 4.

den. Das hat den großen Vorteil, das nicht benachbarte Zellen den gleichen Frequenz-bereich verwenden können. Innerhalb der Zelle wird der Frequenzkanal hingegen an-hand des Zeitmultiplexverfahrens aufgeteilt. Ein Nachteil beim zellulären Aufbau ist die Schwierigkeit, den laufenden Anruf eines Nutzers weiterzuleiten, wenn er die Zelle wech-selt.[20] Abbildung 1 stellt den Aufbau der GSM-Netzwerkarchitektur dar.

Abbildung 1: GSM-Netzwerkarchitektur[21]

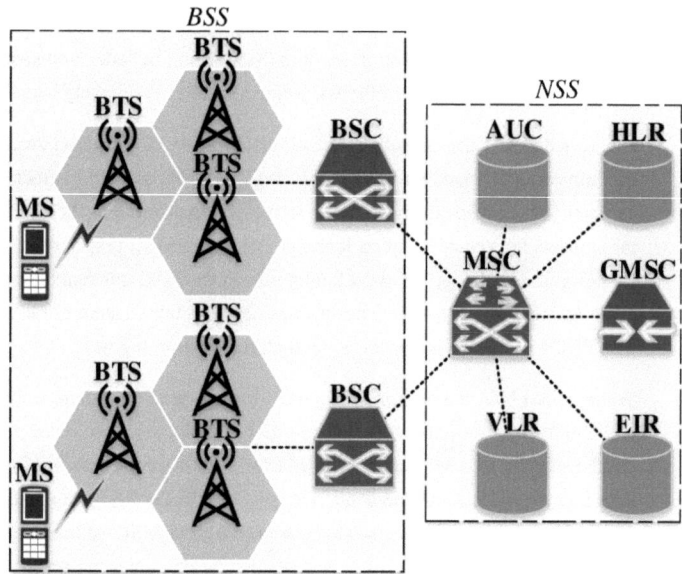

2.3 Aufbau der UMTS-Netzwerkarchitektur

Die Architektur von UMTS ist ähnlich der von GSM. Grundsätzlich wird unterschieden zwischen der Mobilstation, dem Universal Terrestrial Radio Access Network (UTRAN) genannten Funkzugangsnetz, und dem vermittelnden Core Network (CN). Alle drei Ar-chitekturkomponenten sind so entworfen, dass sie nur über Schnittstellen miteinander kommunizieren und so voneinander abgegrenzt und nicht vom Aufbau des dahinterlie-genden Systems abhängig sind.[22] In der Mobilstation befindet sich ein User Services Identity Module (USIM), das den Nutzer eindeutig und sicher identifizieren kann. Das

---

[20]Vgl. Narang et al. (2006), Seite 6 f.
[21]In Anlehnung an: Swenson et al. (2006), Seite 261, Abbildung 1.
[22]Vgl. 3GPP (2016e), Seite 14.

USIM befindet sich, genau wie das SIM in GSM, auf der Universal Integrated Circuit Card (UICC)-Karte.[23]

Das UTRAN besteht aus einer Menge von Radio Network Subsystems (RNSs), die alle über eine Schnittstelle mit dem CN verbunden sind. Jedes RNS besitzt einen Radio Network Controller (RNC), dessen Funktionalität sich mit der eines BSC in GSM deckt: Management der Funkressourcen und Switchen der Verbindungen.[24] Er besitzt auch eine Schnittstelle zu den anderen RNCs im UTRAN. Genau wie der BSC eine Reihe von BTS kontrolliert, verwaltet ein RNC die *Node B* genannten Sendetürme im RNS.[25] Ein Node B kommuniziert mit der Mobilstation und beherrscht ein Codemultiplexverfahren, wodurch anders als bei GSM benachbarte Zellen üblicherweise dieselben Frequenzen verwenden.

Das CN hat vor allem die Aufgaben, leitungsvermittelte Anrufe weiterzuleiten und im paketvermittelnden Kontext Pakete zu routen. Es ist nur sehr grob spezifiziert, um den Betreibern die technische Realisierung so frei wie möglich zu stellen. Hintergrund davon ist die Tatsache, dass sich das Backbone mit seiner traditionellen Infrastruktur und den Schnittstellen zum PSTN oder ISDN langsamer weiterentwickelt als das Funknetz. Daher ist das CN universell definiert, um Raum für die technologische Evolution zu schaffen.[26] Das Kernnetz ist so ausgelegt, dass es kompatibel zum alten NSS wie auch zu UTRAN ist.

Wie oben kurz angedeutet, gibt es in UMTS im Gegensatz zum ursprünglichen GSM, wo sie mit dem General Packet Radio Service (GPRS)-Dienst als Übergangslösung eingeführt wurde, nun die Möglichkeit der *Paketvermittlung*. Das bedeutet, dass die Daten verbindungslos in Pakete unterteilt verschickt werden, was eine Vielzahl von Vorteilen gegenüber der Leitungsvermittlung mit sich bringt, z. B. eine effizientere Auslastung des Netzwerkes.[27]

Im Kernnetz gibt es daher nun zwei Schnittstellen für die Kommunikationsanfragen der RNCs aus dem UTRAN: analog zu GSM das Mobile Switching Center (MSC), und den Serving GPRS Support Node (SGSN). Ein SGSN unterstützt Paketvermittlung und übernimmt vor allem Aufgaben wie Registrierung von Nutzern in der Zone mittels HLR und AUC. Um eine Verbindung u. a. mit dem Internet herzustellen, kommuniziert der SGSN mit dem Gateway GPRS Support Node (GGSN).[28] Zusammenfassend übernehmen SGSN und GGSN also die funktional gleichen Aufgaben wie MSC und GMSC, legen aber

---

[23]Vgl. 3GPP (2016a), Seite 7.
[24]Vgl. Kaaranen et al. (2005), Seite 70.
[25]Vgl. 3GPP (2016e), Seite 15 f.
[26]Vgl. Kaaranen et al. (2005), Seite 101 f.
[27]Vgl. ebd., Seite 19.
[28]Vgl. Das et al. (2003), Seite 49.

durch die Paketvermittlung einen Grundstein für die erfolgreiche Funktionsweise von IP-basierten Multimediaanwendungen.[29]

Mehrere Zellen im UMTS-Netz zusammengefasst bezeichnet man als Location Area (LA), wenn sich die Mobilstation frei in ihr bewegen kann, ohne dass das VLR aktualisiert werden muss. Das Einzugsgebiet eines VLR umfasst ein oder mehrere MSC-Zonen. Im paketvermittelnden Betrieb definiert man zusätzlich noch eine Routing Area (RA), in der sich der Nutzer frei bewegen kann, ohne dass der SGSN aktualisiert werden muss. Eine RA befindet sich immer innerhalb einer LA.[30] In Abbildung 2 wird der Aufbau der UMTS-Netzwerkarchitektur veranschaulicht.

Abbildung 2: UMTS-Netzwerkarchitektur[31]

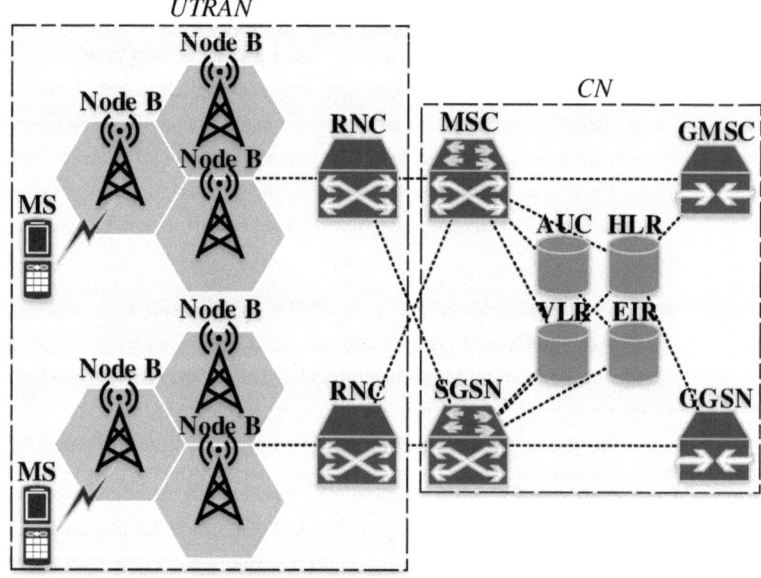

[29]Vgl. Kaaranen et al. (2005), Seite 104 f.
[30]Vgl. 3GPP (2016b), Seite 20.
[31]In Anlehnung an: Kaaranen et al. (2005), Seite 105, Abbildung 5.4.

3 Untersuchungskriterien

In dieser Arbeit sollen nicht die einzelnen Schwächen und Stärken der beiden Architekturen aufgelistet werden. Vielmehr sollen vergleichbare Untersuchungskriterien definiert werden, anhand derer eine einheitliche Analyse und Differenzierung durchgeführt werden kann. Diese Kriterien müssen allgemein gehalten sein, damit sie bei beiden Architekturen Gültigkeit bewahren. Ein besonderer Fokus sollte hierbei auf die Auswirkungen der Technologie auf den Endnutzer gelegt werden.

Die Kriterien sind Aspekte der Quality of Service (QoS), welche die Anforderungen an die Dienstgüte der Netzwerke umfasst. Es wird überprüft, ob und inwiefern die beiden Netzwerkarchitekturen die einzelnen QoS-Anforderungen umsetzen. Als geeignet erweisen sich zwei Untersuchungsansätze:

- Datenübertragung

- Sicherheit

Die Datenübertragung befasst sich zum einen mit der Integrität der Informationsübertragung und zum anderen mit der Bandbreite. Welche Geschwindigkeiten können erreicht werden? Wie groß sind die Latenzzeiten und der Paketverlust? Hier wird auch die Verbindung eines Smartphones mit dem Internet näher beleuchtet, und ob die beiden Mobilfunksysteme sich in dieser Hinsicht unterscheiden.

Im zweiten Abschnitt werden die beiden Standards unter dem Gesichtspunkt der Sicherheit untersucht. Ist die Verbindung gesichert oder gibt es Schwachstellen? Werden die ursprünglich definierten Sicherheitsprinzipien erfüllt? Untersucht werden sowohl der Schutz gegen Angreifer von außen durch z. B. Verschlüsselungsmechanismen als auch die vertrauliche und abgesicherte Behandlung von Nutzerdaten innerhalb der Systeme.

4 Datenübertragung

In diesem Abschnitt werden die Geschwindigkeiten der Datenübertragung und weitere die Übertragung beeinflussenden Faktoren der beiden Standards gegenübergestellt. Anschließend wird der Verbindungsaufbau eines Smartphones mit dem Internet näher beleuchtet.

4.1 GSM-Netzwerkarchitektur

GSM verwendet primär das Frequenzband *P-GSM*, das wie folgt aufgeteilt ist: Der Uplink aus Sicht der Mobilstation verwendet die Frequenzen 890 MHz bis 915 MHz und der Downlink 935 MHz bis 960 MHz.[32] In jedem Frequenzbereich gibt es 124 Kanäle zu je 200 kHz. GSM nutzt die zur Verfügung stehende Bandbreite durch die drei wesentlichen Multiplexverfahren Space Division Multiple Access (SDMA), Frequency Division Multiple Access (FDMA) und Time Division Multiple Access (TDMA) effizient aus, die im Folgenden kurz erläutert werden.

Durch den geografisch zellulären Aufbau des Netzes ergibt sich auf natürliche Weise eine räumliche Unterteilung, was auf der einen Seite den Vorteil hat, das nicht benachbarte Zellen dieselbe Frequenz nutzen können. Auf der anderen Seite ergibt sich durch das SDMA eine komplexere Netzwerkstruktur, was den Zellwechselvorgang erschwert. Innerhalb der Zelle ist der Frequenzbereich wie oben dargestellt aufgeteilt.

Um nun möglichst vielen Netzteilnehmern einen Zugang zu ermöglichen, wird der Bereich im TDMA-Verfahren aufgeteilt. Jede Mobilstation bekommt ein zeitlich begrenztes aber wiederkehrendes Fenster zu Verfügung, in dem sie die Frequenz nutzen kann. Dieses Fenster wird auch Zeitschlitz genannt. In GSM gibt es acht Zeitschlitze, die jeweils eine Länge von 577 µs haben. In dieser Zeit können ca. 156 Bits übertragen werden. Nachteil: Dieses Verfahren erschwert die Synchronizität des Up- und Downlinks, da sich die Zeitschlitze der beiden Kanäle chronologisch nicht decken.[33]

Durch diese Unterteilung kann leitungsvermittelt eine Datenübertragungsrate von 14,4 kbit/s erreicht werden, was jedoch für Internet- und Multimediaanwendungen zu wenig ist. Dank der Erweiterung GPRS ist es allerdings auch möglich, paketvermittelt und über alle acht Kanäle gleichzeitig zu kommunizieren, was die Übertragungsrate auf 170 kbit/s erhöht.[34]

---

[32]Vgl. 3GPP (2016d), Seite 17.
[33]Vgl. Heine et al. (2003), Seite 10 ff.
[34]Vgl. Steltemeier et al. (2014), Seite 26 ff.

4.2 UMTS-Netzwerkarchitektur

Mit Einzug der dritten Generation (3G), die internetbasierte Anwendungen nativ stützen sollte, stiegen die Anforderungen an die effiziente Ausnutzung des Frequenzspektrums. UMTS verwendet daher ein anderes Verfahren, um die Kanäle für mehrere Nutzer verfügbar zu machen: das Codemultiplexverfahren Wideband Code Division Multiple Access (WCDMA). Beim Codemultiplex benutzen verschiedene Nutzer zur selben Zeit dieselbe Frequenz, allerdings mit unterschiedlichen Spreizcodes. Der Empfänger kann die Daten aus den addierten Signalen mithilfe dieser Codes wieder herausfiltern. Pro Trägerfrequenz wurde zudem die Bandbreite von 200 kHz auf 5 MHz erhöht, damit höhere Bitraten unterstützt werden können.[35]

Eine weitere Anforderung an 3G ist der asymmetrische Down- und Uplink-Datenverkehr. Internetbrowsing benötigt z. B. mehr Downlink- als Uplinkkapazitäten. Der Aspekt ist entscheidend, um die QoS von UMTS zu garantieren. WCDMA unterstützt daher Transmit-Diversity-Techniken in der Übertragung. Derryberry et al. ([2002]) geben einen Überblick über die verschiedenen Methoden.

Ein weiterer Vorteil von UMTS gegenüber GSM ist die Verbesserung des Handover-Prozesses: 3G unterstützt nativ einen vom Netzwerk kontrollierten *Soft Handover*, bei dem die Verbindung beim Übergang von der einen Zelle in die nächste nicht unterbrochen wird. Hierfür muss gewährleistet sein, dass die Zellen dieselbe Frequenz verwenden. Möglich sind ebenfalls Handover zwischen Zellen mit unterschiedlichen Frequenzen oder unterschiedlichen Systemen, wie P-GSM und WCDMA. Je nach geografischer Situation der Mobilstation und wie sie sich bewegt kommt ein Soft Handover allerdings nicht in Frage. Das ist der Fall, wenn das UTRAN gewechselt wird und der MSC das Switching steuern muss. Hier spricht man dann von einem *Hard Handover*.[36]

Aufgrund dieser Verbesserungen konnte die Datenübertragungsrate bei der Verwendung von UMTS auf bis zu 2 Mbit/s gesteigert werden. Diese Leistung kann allerdings nur für stationäre Nutzer erbracht werden. Je nach Geschwindigkeit der Mobilstation, z. B. im Auto oder beim Laufen, liegt die Übertragungsrate eher bei 144 kbit/s oder bei 384 kbit/s.[37] Dadurch können Web-Applikationen und internetbasierte Dienste wie Videotelefonie oder Voice over IP zuverlässiger betrieben werden als bei GSM bzw. GPRS.

---

[35]Vgl. Holma et al. (2007), Seite 7 f.
[36]Vgl. Kaaranen et al. (2005), Seite 76 ff.
[37]Vgl. Jain et al. (2015), Seite 89.

4.3 Kommunikation mit dem Internet

Im Folgenden wird der Verbindungsaufbau einer Mobilstation – sei es in diesem Falle ein Smartphone – mit einem Server außerhalb des Mobilfunknetzes geschildert. In GSM wird zwischen der Mobilstation und dem BSS zunächst eine Verbindung anhand des Radio Resource Control (RRC)-Protokolls hergestellt.[38] Die Mobilstation sendet auch die von dem VLR zuvor zugeordnete lokale Temporary Mobile Subscriber Identity (TMSI), mit der der MSC versucht, den Nutzer zu identifizieren. Funktioniert das nicht, muss die weltweit eindeutige IMSI verwendet werden, die aus Sicherheitsgründen so wenig wie möglich kommuniziert wird.

Der MSC setzt sich anschließend mit dem HLR der Mobilstation in Verbindung, das Authentifizierungsdaten schickt. Mit diesen kann der MSC überprüfen, ob die Mobilstation über den richtigen privaten Schlüssel verfügt. Konnte das Gerät anhand der Codes auf der SIM-Karte seine Identität validieren, entscheidet der BSC noch, welcher Verschlüsselungsalgorithmus für die Verbindung verwendet werden soll, den er der Mobilstation abschließend mitteilt. Diese kann daraufhin über das BSS und das Gateway im NSS mit einem Internetserver kommunizieren.[39]

Der Paketverlust im Uplink liegt zwischen 4% und 7%.[40] Die Latenzzeit kann definiert werden als Round-Trip-Zeit, d. h. die Zeit, die ein Paket braucht, um von der Mobilstation einen Server zu erreichen und wieder zurückzukommen. Bei GSM beträgt diese ca. 150 ms.[41]

Der Verbindungsaufbau in UMTS verläuft ähnlich. Initial wird ebenfalls das RRC-Protokoll verwendet. Die Mobilstation sendet die TMSI oder alternativ die IMSI an den MSC, der sich wiederum an das HLR wendet. Im Unterschied zu GSM muss nun nicht nur die Mobilstation ihre Authentizität beweisen, sondern auch das Netzwerk gegenüber der Mobilstation. Zu diesem Zweck validiert diese den vom HLR gesendeten Message Authentication Code (MAC). Somit überprüft die Mobilstation die Identität des Netzes. Nach erfolgreichem Abschluss authentifiziert sich die Mobilstation anhand der Algorithmen in der SIM-Karte, und der RNC entscheidet, welcher Verschlüsselungsalgorithmus verwendet wird, genau wie bei GSM.[42] Danach kann sich die Mobilstation über den IP-basierten Teil des CN und das GGSN mit dem Internet verbinden.

Die Round-Trip-Zeit beträgt bei UMTS ca. 182 ms[43] und der Paketverlust 4% bis 9%.[44] Diese Kennzahlen sind ähnlich der von GSM, jedoch liegt das in der Infrastruktur begrün-

---

[38] Vgl. 3GPP (2016c), Seite 54.
[39] Vgl. Ahmadian et al. (2010), Seite 2258.
[40] Vgl. Li et al. (2008), Seite 415.
[41] Vgl. Dahlman und Olsson (2009), Seite 576.
[42] Vgl. Meyer et al. (2004), Seite 93.
[43] Vgl. Holma et al. (2007), Seite 277.
[44] Vgl. Hoßfeld et al. (2008), Seite 653.

det. Die Datenübertragungsrate ist für die QoS das Entscheidende, und hier bietet UMTS mit bis zu 2 Mbit/s den besseren Dienst.

5 Sicherheit

In diesem Abschnitt werden die potenziellen Sicherheitsrisiken der beiden Architekturen untersucht und gegenübergestellt. Beide Mobilfunk-Standards sehen sich einer großen Herausforderung gegenüber: ein offenes System, in dem fast alle Informationen über Luftschnittstellen übertragen werden, gegen Angreifer zu schützen.

5.1 GSM-Netzwerkarchitektur

Die Sicherheitsarchitektur von GSM besitzt ursprünglich das Ziel, die Privatsphäre des Nutzers zu schützen, nicht autorisierte Netzwerkzugriffe zu unterbinden, Identitätsdiebstahl abzuwehren und die Vertraulichkeit der Daten zu schützen. Zu diesem Zweck unterstützt es Verfahren für den Schutz der Daten und der Anonymität der Nutzer, und für den Schutz des Signals.[45] Dennoch besitzt GSM ernsthafte Sicherheitslücken.

Der Nutzer muss sich mithilfe einer SIM-Karte in der Mobilstation beim Netz authentifizieren. Auf der Karte ist die weltweit eindeutige IMSI und der individuelle private kryptographische Schlüssel, kurz *Ki* genannt, gespeichert. Ki ist eine zufällige 128 Bit lange Zahl, die für die Generierung von Sitzungsschlüsseln verwendet wird. Das AUC kennt diesen Schlüssel ebenfalls. Die SIM-Karte selber ist durch eine frei definierbare Personal Identification Number (PIN) und – falls die PIN wiederholt falsch eingegeben wurde – durch einen PIN Unlock Key (PUK) vor unbefugter Aktivierung geschützt. Das SIM implementiert auch die zur Verfügung stehenden Verschlüsselungsalgorithmen. Das hat den großen Vorteil, dass der Netzbetreiber unabhängig von anderen in der Auswahl der Algorithmen ist: der lokale MSC setzt sich mit dem HLR im Heimnetz der roamenden Mobilstation in Verbindung, um die Prüfungsergebnisse zu erhalten.[46]

Das nachfolgend erläuterte Sicherheitskonzept der GSM-Mobilstation bzw. des SIM wird in Abbildung 3 dargestellt. Der A8-Algorithmus auf der SIM-Karte generiert aus Ki und einer zufälligen Zahl den Sitzungsschlüssel *Kc*, den die Mobilstation für die Chiffrierung der Nutzdaten verwendet. Hier liegt die erste Schwachstelle von GSM: Kc ist nur 64 Bit lang ist und bietet damit nicht genügend Sicherheit, egal wie stark der Verschlüsselungsalgorithmus der Mobilstation ist.[47] Diese unterstützt generell bis zu sieben verschiedene Algorithmen, von denen der BSC sich einen für die Verbindung aussuchen kann. Die A5/1-, A5/2- und A5/3-Verschlüsselungsalgorithmen werden hingegen immer unterstützt.[48] Die Signed Response (SRES) wird für die Identifizierung der Mobilstation gegenüber dem AUC beim Verbindungsaufbau benötigt.

[45]Vgl. Lo et al. (1999), Seite 1074.
[46]Vgl. Toorani et al. (2008), Seite 2.
[47]Vgl. Ahmadian et al. (2010), Seite 2257.
[48]Vgl. Toorani et al. (2008), Seite 2.

Abbildung 3: GSM-Sicherheitskonzept auf der Mobilstation[49]

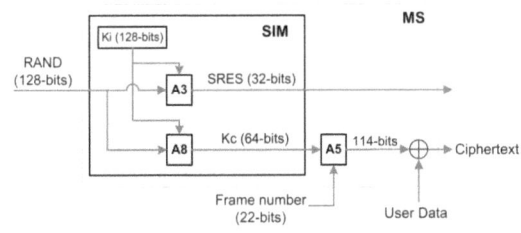

Die nächste Schwachstelle liegt in der einseitigen Authentifizierung: Der Nutzer muss sich zwar identifizieren, das Netz allerdings nicht. Dadurch kann sich ein Angreifer als BTS tarnen und einen Man-in-the-Middle-Angriff durchführen. Die Kosten für so einen Angriff lassen sich mit privaten Mitteln problemlos stemmen.[50] Der A8-Algorithmus kann eine weitere Schwachstelle bilden, da die Mobilfunknetzbetreiber zumeist den als unsicher bewiesenen COMP128-Algorithmus implementieren. Ein Angreifer kann daraufhin die IMSI und sogar Ki aus der Entfernung innerhalb von Stunden extrahieren und so die Identität kopieren. Ebenfalls leicht angreifbar ist der A5/1- und der A5/2-Algorithmus, bei denen in Minuten- bzw. Sekundenschnelle der Schlüssel extrahiert werden kann.

Die Anonymität des Nutzers kann gefährdet werden, wenn im Authentifizierungsprozess die TMSI initial noch nicht zugeordnet wurde und daher die IMSI angefordert wird. Diese kann abgefangen werden. Doch nicht nur die Luftschnittstelle läuft Gefahr, Opfer einer Attacke zu werden. Die im Kernnetz von GSM verwendete Protokollgruppe Signalling System No. 7 (SS7) hat mehrere Sicherheitsschwachstellen. Da nur wenige Authentifizierungsroutinen integriert sind, kann ein Man-in-the-Middle-Angriff auf HLR und AUC ausgeübt werden.

Des Weiteren gibt es keine Integritätsprüfungen der gesendeten Informationen. Die Mobilstation oder die BTS kann demnach nicht überprüfen, ob die empfangenen Nachrichten unverändert übermittelt wurden.[51] Darüber hinaus speichern die MSCs sog. Call Detail Records (CDR). Das sind Datensätze, die zwecks Rechnungslegung des Netzbetreibers Informationen über getätigte Anrufe der Nutzer beinhalten und auch fast immer Ortsdaten, IMSIs und IMEIs speichern. Mit genügend CDRs kann ein Angreifer den Standort oder den Standortverlauf eines Nutzers herausfinden.[52]

---

[49]Entnommen aus: Toorani et al. (2008), Seite 2.
[50]Vgl. Gewald (2016), Seite 3.
[51]Vgl. Toorani et al. (2008), Seite 3 f.
[52]Vgl. Swenson et al. (2006), Seite 269 ff.

5.2 UMTS-Netzwerkarchitektur

Im Gegensatz zu GSM zählt UMTS als ein relativ sicheres System, das die meisten Probleme des 2G-Standards gelöst hat, u. a. durch die bidirektionale Authentifizierung der Mobilstation mit dem Kernnetz.[53] Dennoch gibt es ernstzunehmende Risiken, die zum Teil darin begründet liegen, dass die beiden Mobilfunknetze kompatibel miteinander sind und nicht voneinander getrennt. Es kann zu zwei unterschiedlichen Szenarien kommen:

1. Ein UMTS-Nutzer verbindet sich mit dem UMTS-Netz über das UTRAN.

2. Ein UMTS-Nutzer verbindet sich mit einem BSS, das mit dem auf UMTS basierenden Kernnetz in Verknüpfung steht (hybrides Netzwerk).

5.2.1 Sicherheit im UTRAN

Im ersten Fall ist der Nutzer gegen einen Man-in-the-Middle-Angriff geschützt, weil die Kommunikation im UMTS-Netz durch ein Authentifizierungs-Token AUTN und Integritätsprüfungen gesichert ist. Das Heimnetz schickt im Verbindungsaufbau AUTN an die Mobilstation, die jetzt erkennen kann, ob das Token wirklich vom Heimnetz generiert wurde. Wichtig ist, dass AUTN alleine keine hinreichende Sicherheit bietet und auf die Integritätssicherung der Nachrichten angewiesen ist.

Ebenfalls ein wichtiger Mechanismus: Der Node B sendet bei der schlussendlichen Auswahl des Verschlüsselungsalgorithmus die im ersten Schritt des Verbindungsaufbaus übermittelten verfügbaren Algorithmen der Mobilstation abermals an sie zur Überprüfung zurück. Somit kann verhindert werden, dass ein Man-in-the-Middle-Angreifer die beiden Kommunikationspartner hintergeht, indem er dem Node B und der Mobilstation jeweils mitteilte, keine Verschlüsselung zu verwenden.[54]

Problematisch auch beim ersten Szenario ist die Tatsache, dass genau wie bei GSM die IMSI im initialen Verbindungsaufbau im Klartext übermittelt wird, falls die verschlüsselte TMSI der Identität nicht mehr zugeordnet werden kann. Die vollständige Anonymität ist bei UMTS demnach nicht gegeben.[55] Des Weiteren lässt sich der Standortverlauf der Mobilstation verfolgen, indem der Angreifer eine zuvor abgefangene Authentifizierungsnachricht aus dem Kernnetz wiederholt an den Nutzer übermittelt. Die Mobilstation antwortet daraufhin jedes Mal mit einer verfolgbaren Nachricht über den Misserfolg der Verifizierung.[56]

[53]Vgl. Toorani et al. (2008), Seite 5.
[54]Vgl. Meyer et al. (2004), Seite 94.
[55]Vgl. Ahmadian et al. (2010), Seite 2257.
[56]Vgl. Lee et al. (2014), Seite 514.

5.2.2 Sicherheit im hybriden System

Das zweite Szenario birgt größere Schwachstellen, denn GSM unterstützt keinerlei Integritätsprüfungen. Ein Angreifer kann somit beim Verbindungsaufbau die Nachrichten fälschen. Zu diesem Zweck benötigt er zunächst die IMSI, an die er durch das in Unterabschnitt 5.1 beschriebene Verfahren herankommt. Daraufhin tarnt der Angreifer sich als BTS und vermittelt die zuvor erlangte IMSI der Mobilstation an das UMTS-Kernnetz, das mit den Authentifizierungsdaten des Heimnetzes antwortet. Da die Integritätsmechanismen im BSS fehlen, kann der Eindringling diese Nachricht einfach an die Mobilstation weiterleiten und ihre Antwort SRES ebenfalls. Zuletzt meldet die falsche BTS der Mobilstation, dass für die Kommunikation keine Verschlüsselung verwendet wird und kann sie nun abhören.[57]

Für den Angreifer hat dieses Verfahren den Nachteil, dass er sich als falsche BTS ausgeben muss und daher den Datenverkehr teuer weiterleiten muss. Ein anderer Ansatz neutralisiert diesen Nachteil: Anstatt die Mobilstation dazu zu bringen, keine Verschlüsselung zu verwenden, weist der Angreifer sie dazu an, den unsicheren A5/2-Algorithmus zu benutzen. Ohne die Verbindung zum CN zuzulassen, entschlüsselt er die erste Nachricht des Nutzers, danach trennt er sich. Er besitzt nun den privaten Schlüssel Kc. Die auf einmal netzlose Mobilstation verbindet sich jetzt ganz normal mit dem Netzwerk. Der MSC schickt allerdings die gleiche Authentifizierungsnachricht wie zuvor an den Angreifer, weil er annimmt, dass die vorherige Übermittlung fehlschlug. Demzufolge generiert das USIM der Mobilstation den gleichen privaten Schlüssel Kc wie vorher. Egal wie stark die jetzt verwendete Verschlüsselung ist, der Angreifer kennt den Schlüssel.[58]

Mögliche Gegenmaßnahmen gegen diese Schwächen umfassen zum einen die Schlüsseltrennung. Kc darf nicht gleichermaßen für alle drei GSM-Algorithmen A5/1 bis A5/3 verwendet werden. Zum anderen sollte der unsichere A5/2-Algorithmus gesperrt werden, da er seinen Zweck nicht erfüllt. Mit am wichtigsten ist die Deaktivierung des Verhaltens des MSC, dieselbe Authentifizierungsfolge zu verwenden, wenn zuvor keine Reaktion der Mobilstation erkennbar wurde. Die Integritätsprüfungen aus UMTS sollten ebenfalls in GSM Anwendung finden.[59]

Zusammenfassend bieten beide Systeme keine vollständige Anonymität oder Schutz vor Standortverfolgung. GSM hat keine Integritätsprüfungen von gesendeten Informationen und verwendet nur eine einseitige Authentifizierung der Mobilstation. Außerdem werden unsichere Algorithmen wie COMP128 und A5/2 in der Kommunikation benutzt. UMTS ist durch eine integre und beidseitige Authentifizierung gegen diese Risiken geschützt,

---

[57]Vgl. Meyer et al. (2004), Seite 94 ff.
[58]Vgl. Ahmadian et al. (2010), Seite 2661.
[59]Vgl. ebd., Seite 2665.

zumindest solange das Funknetz Bestandteil des UTRAN ist. Eine Errungenschaft von 3GPP ist das Design eines hybriden Systems; allerdings nicht im Hinblick auf die Sicherheit: die Vorteile von UMTS werden durch die nicht hinreichende Sicherheit im Funknetz neutralisiert.

5.3 Vertraulichkeit der Informationen

Wie oben gezeigt, sind beide Systeme nicht gegen Angreifer von außen geschützt. Auf modernen Smartphones können aufgrund der erweiterten Speicherkapazitäten eine Vielzahl von multimedialen Inhalten, Dateien, Kalendern und Kontakten aufbewahrt sein. Es stellt sich die Frage, wie die Vertraulichkeit der Nutzerinformationen im Inneren der Mobilfunknetzwerke garantiert wird. Ein integraler Bestandteil der Netze sind Operations and Maintenance (O&M)-Subnetze, die es dem Netzbetreiber erlauben, Stabilitätskontrollen und Fernwartungen durchzuführen. Im GSM übernimmt das Network Management Subsystem (NMS) die Aufgabe der Überwachung des gesamten Netzes.[60] Im UMTS gibt es zu dem Zweck an den Netzwerkelementen O&M-Schnittstellen zum NMS.[61] Zumeist gibt es ebenfalls ein separates Subsystem für die Abrechnungsdienste. Unter diesem Gesichtspunkt ergeben sich für GSM wie auch für UMTS gleichermaßen weitere Sicherheitsrisiken, die die QoS gefährden.

Ein böswilliger Administrator – oder eingedrungene Hacker – können eine Mobilfunkverbindung einrichten, die Identität allerdings nicht dem Abrechnungsdienst bekannt machen. Somit kann der Nutzer Anrufe tätigen, ohne belastet zu werden. Gesperrte USIM-Karten können in bestimmten Datenbanken im Kommunikationssystem entsperrt werden, während der Netzbetreiber weiterhin im Glauben schwebt, dass sie gesperrt sind. Die Over The Air (OTA)-Schnittstelle[62] erlaubt es dem Administrator, aus der Entfernung Daten an die Mobilstation zu versenden, ohne dass diese eine Internetverbindung hat und ohne dass der Nutzer davon etwas mitbekommt. Im Normalfall wird diese Technologie für Firmware-Updates verwendet, kann jedoch auch für die Übertragung von bösartiger Software missbraucht werden.[63]

Beunruhigend ist auch die Tatsache, dass moderne Smartphones problemlos als Abhörgeräte fungieren können. Geheime Informationen können im Zusammenhang mit der Wirtschaftsspionage durch eine kleine, mit dem Mobilfunknetz in Verbindung stehende Mobilstation in der Jackentasche kompromittiert und sofort über weite Strecken transportiert werden. Des Weiteren sind Mobilfunkbetreiber dazu verpflichtet, der Polizei oder einer

---

[60] Vgl. Kaaranen et al. (2005), Seite 16.
[61] Vgl. ebd., Seite 70.
[62] Vgl. 3GPP (2016b), Seite 87.
[63] Vgl. Androulidakis (2012), Seite 6.

anderen entsprechenden Autorität einen Mechanismus zur gezielten Überwachung von Kommunikationen einzurichten. Ist dieses System nicht ausreichend geschützt, können es Angestellte mit oder ohne angemessene Berechtigung und Eindringlinge missbrauchen. Zuletzt sei auf die Anfälligkeit der beiden Systeme für Denial of Service (DoS)-Attacken hingewiesen. Entweder durch Anrufe oder durch SMS-Fluten können je nach Ausgereiftheit des Angriffes Mobilstationen oder sogar Teile des Netzes lahm gelegt werden.[64]

UMTS und GSM weisen alles in allem auch bei der vertraulichen Behandlung der Nutzerinformationen keine zufriedenstellende QoS auf. Die Verbesserung der Sicherheitsmechanismen in der dritten Generation bekämpft viele Schwächen in der Verschlüsselung aus der zweiten Generation, bietet allerdings immer noch zu viel Angriffs- und Betrugspotenzial. In dieser Hinsicht bietet UMTS demzufolge im Vergleich keinen Vorteil.

---

[64]Vgl. Androulidakis (2012), Seite 4 ff.

6 Schlussbetrachtung

In dieser Arbeit wurden die beiden Mobilfunknetz-Standards UMTS und GSM unter den Gesichtspunkten Datenübertragung und Sicherheit gegenübergestellt. Ein besonderer Fokus lag auf der Quality of Service (QoS) für den Endnutzer und auf der Kommunikation eines modernen Smartphones mit dem Internet. In der Analyse konnte in beiden Kategorien festgestellt werden, dass UMTS aus der dritten Mobilfunkgeneration den Standard aus der zweiten Generation übertrifft.

UMTS bietet in mehrfacher Hinsicht ein besseres Sicherheitskonzept als GSM. Es ist gegen Man-in-the-Middle-Angriffe geschützt, da zum einen Integritätsprüfungen die Vertraulichkeit über den gesamten Kommunikationsweg hinweg garantieren können. Zum anderen muss sich nicht nur die Mobilstation beim Netzwerk authentifizieren, sondern ebenfalls auch das Heimnetz bei ihr. Dies wird durch die Authentifizierungsnachricht AUTN erreicht. Beide Sicherheitsmechanismen sind im GSM nicht vorhanden und gefährden somit den Schutz des Nutzers.

Es konnte gezeigt werden, dass UMTS mit der gesteigerten Bandbreite von 5 MHz und der einhergehend erhöhten Bitrate eine bessere Datenübertragungsgeschwindigkeit bis zu 2 Mbit/s bietet. Im Gegensatz dazu können Mobilfunknutzer im GSM-Netz nur mit 170 kbit/s Daten empfangen – GPRS vorausgesetzt. Im Informations- und Internetzeitalter ist das nicht ausreichend, um Internet-Anwendungen zu benutzen oder Videos anzuschauen.

Literaturverzeichnis

Bücher

[1] Androulidakis, Iosif I.: Mobile Phone Security and Forensics: A Practical Approach, Springer Science & Business Media, 2012.

[2] Dahlman, Erik; Olsson, Magnus: 3G / SAE Bundle, Academic Press, 2009.

[3] Dahlman, Erik; Parkvall, Stefan; Skold, Johan: 4G: LTE/LTE-Advanced for Mobile Broadband, Academic Press, 2013.

[4] Gewald, Peter: Sicherheitsaspekte von Mobiltelefonen: Erkennung und Visualisierung von Angriffsvektoren, Springer-Verlag, 2016.

[5] Halonen, Timo; Romero, Javier; Melero, Juan: GSM, GPRS and EDGE Performance: Evolution Towards 3G/UMTS, John Wiley & Sons, 2004.

[6] Heine, Gunnar; Sagkob, Holger: GPRS: Gateway to Third Generation Mobile Networks, Artech House, 2003.

[7] Holma, Harri; Toskala, Antti: WCDMA for UMTS: HSPA evolution and LTE, 4. Auflage, John Wiley & Sons, Chichester 2007.

[8] Kaaranen, Heikki; Ahtiainen, Ari; Laitinen, Lauri; Naghian, Siamäk; Niemi, Valtteri: UMTS Networks, Wiley-Blackwell, 2005.

[9] Li, Yingshu; Huynh, Dung T.; Das, Sajal K.; Du, Ding-Zhu: Wireless Algorithms, Systems, and Applications: Third International Conference, WASA 2008, 26. - 28. Oktober, Springer, Dallas 2008.

[10] Mouly, Michel; Pautet, Marie-Bernadette: The evolution of GSM, in: *Mobile Communications Advanced Systems and Components*, Springer, 1994, S. 13–20.

[11] Narang, Nishit; Kasera, Sumit: 2G Mobile Networks, Tata McGraw-Hill Education, 2006.

[12] Noldus, Rogier: CAMEL: Intelligent Networks for the GSM, GPRS and UMTS Network, John Wiley & Sons, 2006.

[13] Sauter, Martin: Communication systems for the mobile information society, John Wiley & Sons, Chichester 2006.

[14]   Swenson, Christopher; Moore, Tyler; Shenoi, Sujeet: GSM Cell Site Forensics, in: *Advances in Digital Forensics II*, Springer, 2006, S. 259–272.

Artikel

[15]   Ahmadian, Zahra; Salimi, Somayeh; Salahi, Ahmad: Security enhancements against UMTS–GSM interworking attacks, in: *Computer Networks*, 2010, Ausgabe 13, S. 2256–2270.

[16]   Das, Arnab; Gopalakrishnan, Nandu; Hu, Teck; Khan, Farooq; Rudrapatna, Ashok; Sampath, Ashwin; Su, Hsuan-Jung; Tatesh, Said; Zhang, Wenfeng: Evolution of UMTS toward high-speed downlink packet access, in: *Bell Labs Technical Journal*, 2003, Ausgabe 3, S. 47–68.

[17]   Derryberry, Thomas R.; Gray, Steven D.; Ionescu, Mihai D.; Mandyam, Giridhar; Raghothaman, Balaji: Transmit diversity in 3G CDMA systems, in: *Communications Magazine, IEEE*, 2002, Ausgabe 4, S. 68–75.

[18]   Hoßfeld, Tobias; Binzenhöfer, Andreas: Analysis of Skype VoIP traffic in UMTS: End-to-end QoS and QoE measurements, in: *Computer Networks*, 2008, Ausgabe 3, S. 650–666.

[19]   Jain, Ankita; Rajput, Arjun; Dixit, Subhra: Evolution of Wireless Communication, in: *International Journal of Engineering Technology Science and Research*, 2015, Ausgabe 4, S. 88–90.

[20]   Lee, Ming-Feng; Smart, Nigel P.; Warinschi, Bogdan; Watson, Gaven J.: Anonymity guarantees of the UMTS/LTE authentication and connection protocol, in: *International Journal of Information Security*, 2014, Ausgabe 6, S. 513–527.

[21]   Lo, Chi-Chun; Chen, Yu-Jen: Secure communication mechanisms for GSM networks, in: *IEEE Transactions on Consumer Electronics*, 1999, Ausgabe 4, S. 1074–1080.

[22]   Steltemeier, Bastian; Bioly, Sascha: Real-time Tracking and Tracing bei Überseetransporten–technische Realisierung und wirtschaftliche Auswirkungen der Implementierung, in: *ild Schriftenreihe Logistikforschung*, 2014, Ausgabe 43.

Aufsätze

[23] Meyer, Ulrike; Wetzel, Susanne: A Man-in-the-middle Attack on UMTS, in: *Proceedings of the 3rd ACM Workshop on Wireless Security*, ACM, Philadelphia 2004, S. 90–97.

[24] Toorani, Mohsen; Beheshti, A.: Solutions to the GSM security weaknesses, in: *Next Generation Mobile Applications, Services and Technologies*, IEEE, 2008, S. 576–581.

Spezifikationen

[25] 3GPP, (Hrsg.): General UMTS architecture (3GPP TS 23.101 version 13.0.0 Release 13), 01/2016, URL: http://www.3gpp.org/DynaReport/23-series.htm (besucht am 16.05.2016).

[26] 3GPP, (Hrsg.): Network Architecture (3GPP TS 23.002 version 13.5.0 Release 13), 04/2016, URL: http://www.3gpp.org/DynaReport/23002.htm (besucht am 14.05.2016).

[27] 3GPP, (Hrsg.): Radio Resource Control (3GPP TS 25.331 version 13.2.0 Release 13), 04/2016, URL: http://www.3gpp.org/DynaReport/25331.htm (besucht am 28.05.2016).

[28] 3GPP, (Hrsg.): Radio transmission and reception (3GPP TS 45.005 version 13.0.0 Release 13), 01/2016, URL: http://www.3gpp.org/DynaReport/45005.htm (besucht am 26.05.2016).

[29] 3GPP, (Hrsg.): UTRAN overall description (3GPP TS 25.401 version 13.0.0 Release 13), 01/2016, URL: http://www.3gpp.org/DynaReport/25401.htm (besucht am 16.05.2016).

BEI GRIN MACHT SICH IHR WISSEN BEZAHLT

- Wir veröffentlichen Ihre Hausarbeit,
  Bachelor- und Masterarbeit

- Ihr eigenes eBook und Buch -
  weltweit in allen wichtigen Shops

- Verdienen Sie an jedem Verkauf

Jetzt bei www.GRIN.com hochladen
und kostenlos publizieren